Misterios DE LAS CIVILIZACIONES PERDIDAS

La autora, Anne Millard, *es doctora en Egiptología por la Universidad de Londres. Ha escrito numerosos libros sobre el antiguo Egipto y otros temas relacionados con la Historia antigua.*
El asesor, George Hart, *es egiptólogo y trabaja en el Departamento de Educación del Museo Británico de Londres. Ha publicado numerosas obras sobre las pirámides y los escritos egipcios.*

Colección coordinada por Paz Barroso
Traducción del inglés: Pilar León Fiz
Título original: *Mysteries of lost civilizations*
Colección diseñada por Aladdin Books Ltd. - 28 Percy Street - London W1P OLD

Documentación gráfica: Brooks Krikler Research
Ilustraciones: Francis Phillipps, Stephen Sweet - Simon Girling y Asociados, Rob Shone

Editado por primera vez en EE UU en 1996 por Copper Beech Books

© Aladdin Books Ltd., 1996
© Ediciones SM, 1997
Joaquín Turina, 39 - 28044 Madrid.
Comercializa: CESMA, S.A. - Aguacate, 43 - 28044 Madrid

ISBN: 84-348-5638-7
Depósito legal: M-32220-1997
Fotocomposición: Grafilia, S.L.
Impreso en España/*Printed in Spain*
Gráficas Muriel, S.A. - Buhigas, s/n - Getafe (Madrid)

Misterios
DE LAS
CIVILIZACIONES PERDIDAS

Anne Millard

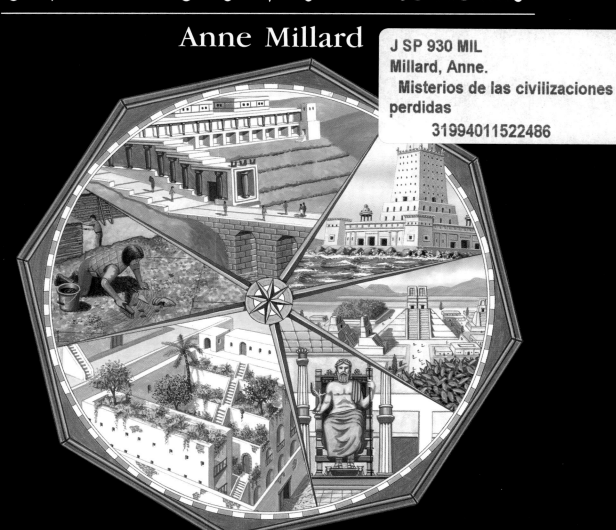

sm
saber

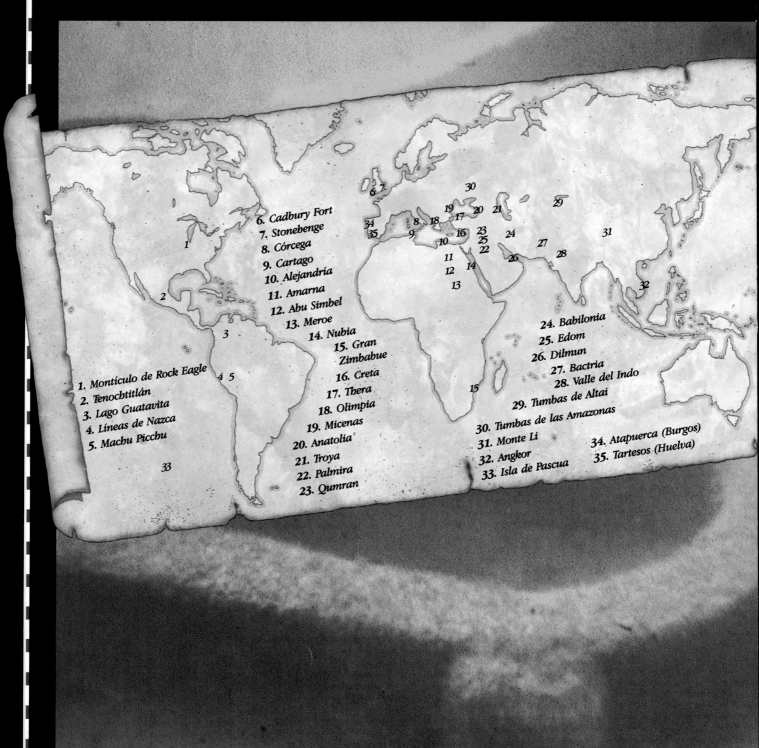

1. Montículo de Rock Eagle
2. Tenochtitlán
3. Lago Guatavita
4. Líneas de Nazca
5. Machu Picchu

6. Cadbury Fort
7. Stonehenge
8. Córcega
9. Cartago
10. Alejandría
11. Amarna
12. Abu Simbel
13. Meroe
14. Nubia
15. Gran Zimbabue
16. Creta
17. Thera
18. Olimpia
19. Micenas
20. Anatolia
21. Troya
22. Palmira
23. Qumran

24. Babilonia
25. Edom
26. Dilmun
27. Bactria
28. Valle del Indo
29. Tumbas de Altai
30. Tumbas de las Amazonas
31. Monte Li
32. Angkor
33. Isla de Pascua

34. Atapuerca (Burgos)
35. Tartesos (Huelva)

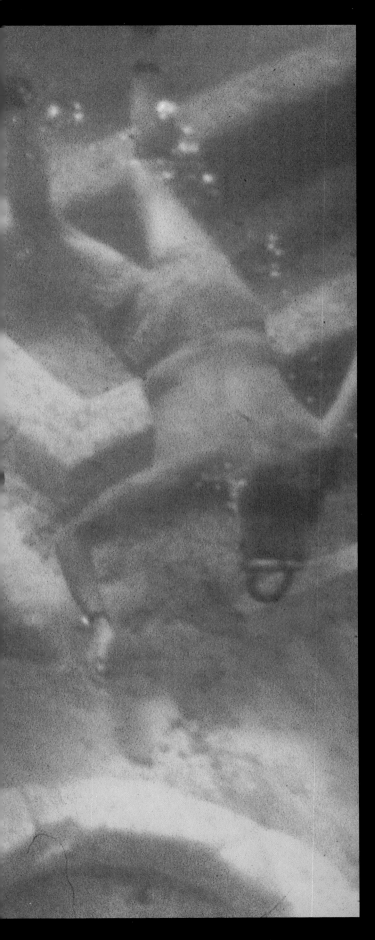

ÍNDICE

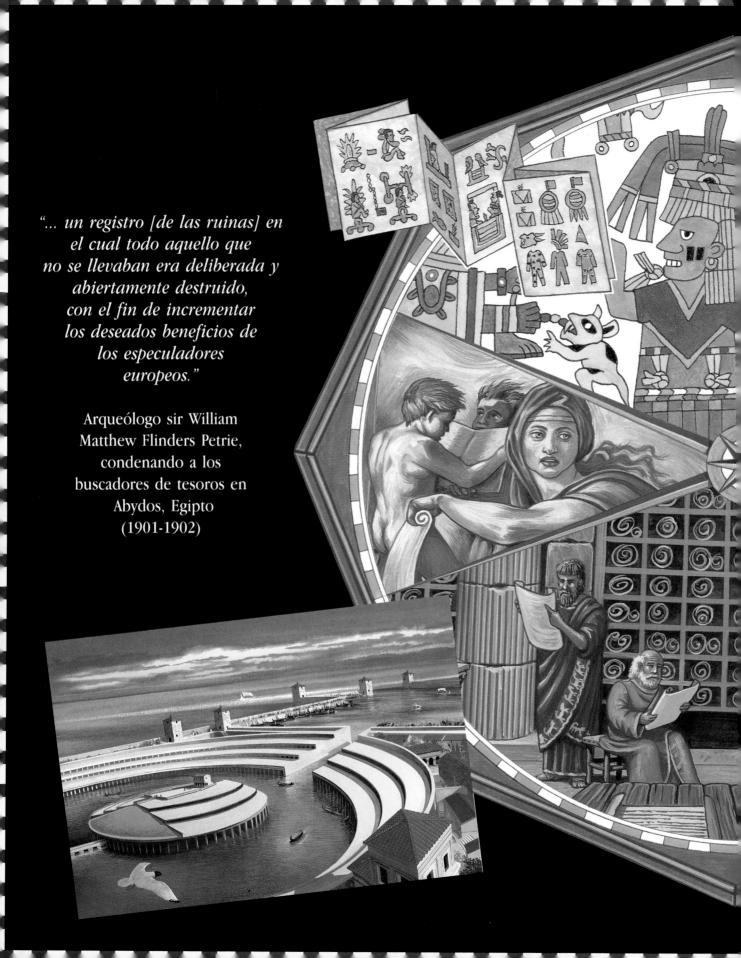

"... un registro [de las ruinas] en el cual todo aquello que no se llevaban era deliberada y abiertamente destruido, con el fin de incrementar los deseados beneficios de los especuladores europeos."

Arqueólogo sir William Matthew Flinders Petrie, condenando a los buscadores de tesoros en Abydos, Egipto (1901-1902)

Introducción a LOS MISTERIOS

No es fácil desvelar los misterios del pasado. Muchos pueblos antiguos no usaron la escritura, así que sus ideas y sus hechos han caído en el olvido. Los testimonios escritos que nos quedan de aquellos pueblos que sí la conocían pueden revelarnos sus creencias, sus ideas y sus hechos, así como las opiniones que tenían otras gentes de ellos. Pero es importante leer los textos con cautela. Si el único documento que queda sobre una civilización ha sido escrito por sus enemigos, habrá que valorar hasta qué punto es imparcial la información que nos da.

El tiempo es el eterno enemigo de los arqueólogos, los científicos que buscan y examinan los vestigios de las civilizaciones del pasado para conocer su forma de vida, su arte, etc. Son pocos los cuerpos y los objetos que no se descomponen con los años. Además, los indicios del pasado pueden destruirse por otros factores: desastres naturales, guerras, convulsiones religiosas, cultivos, construcciones e, incluso, ¡criados negligentes! A veces las cosas sobreviven tan sólo por azar. Así pues, para lograr una visión fidedigna del pasado, los arqueólogos deben convertirse en detectives, examinando edificios y objetos, estudiando textos e interpretando leyendas. También se valen de muchas técnicas científicas modernas.

Lugares OCULTOS

Hay lugares que son destruidos o quedan ocultos y caen en el olvido hasta que alguien encuentra sus vestigios. A veces, un sitio se menciona únicamente en un texto muy posterior a la desaparición del lugar y se descarta que pueda referirse a un emplazamiento real.

Un buen ejemplo de ello es Troya (en la actual Turquía), una ciudad asediada por los griegos de la antigüedad. Durante siglos, la *Ilíada* (700 a.C.), el poema de Homero sobre la guerra troyana, fue considerado pura fantasía. Pero un apasionado de la arqueología, llamado Heinrich Schliemann, creyó que se refería a un hecho y un lugar reales. En 1870 comenzó a excavar en la zona donde Homero había situado Troya, ¡y la encontró! Las excavaciones han demostrado que Homero conocía muchos detalles sobre una civilización que había desaparecido siglos antes de nacer él. Diversas narraciones y canciones habían mantenido vivo el recuerdo de detalles como las defensas de la ciudad y las armaduras de los soldados. Aún no sabemos si existió Helena de Troya, "la más bella de las mujeres", ni qué era exactamente el caballo de madera usado por los griegos para entrar en la ciudad (izquierda), pero hemos aprendido que las leyendas del pasado pueden aportarnos una información valiosa.

"¿Fue éste el rostro por el cual se hicieron a la mar mil barcos, y se incendiaron las altísimas torres de Ilión?"

Descripción de Helena de Troya en la obra de Christopher Marlowe, *Trágica historia del Doctor Fausto*, 1588

Perdidos y HALLADOS

Muchos de los edificios mencionados en los textos antiguos fueron totalmente destruidos, como la fabulosa Casa Dorada del emperador romano Nerón. A veces, se encuentran ruinas cuya identificación no ofrece dudas, como la ciudad de Pompeya, en Italia, que quedó sepultada por una erupción volcánica. Pero aunque los arqueólogos logren identificar un yacimiento y tengan textos antiguos que lo describan, les sigue resultando difícil imaginarlo tal como fue en su momento de mayor esplendor. Según los antiguos escritores griegos, el complejo funerario del rey Amenemhet II de Egipto era una de las construcciones más suntuosas que jamás habían visto; ¡hoy apenas quedan unos tristes montones de ladrillos!
Para imaginarnos cómo eran estos lugares, necesitamos que perviva algún tipo de documento gráfico.

¿Puede resultar beneficiosa la destrucción?
En ocasiones, la destrucción de una edificación puede ocasionar el hallazgo de otros tesoros. Por ejemplo, durante la segunda guerra mundial, una bomba destruyó la antigua iglesia de St. Bride, en Londres. Este desastre permitió a los arqueólogos excavar la zona y encontrar bajo ella iglesias mucho más antiguas, que se remontaban a 1.400 años atrás, y también un mosaico romano del siglo II d.C. St. Bride fue reconstruida posteriormente.

ENIGMAS DE LA MESA REDONDA

Según la leyenda medieval, Camelot era el cuartel general del rey Arturo. Sin embargo, si existió, no se parecería en nada a los castillos maravillosos que aparecen en algunas películas que se han hecho sobre este tema. Quizá no fuera más que un viejo castro celta, acondicionado por el guerrero inglés, con murallas de tierra y almenas de madera. Los arqueólogos han hallado un yacimiento de este tipo en Cadbury Fort, Inglaterra, y algunos opinan que podría ser Camelot.

JARDINES DE LEYENDA

Sabemos que los legendarios Jardines Colgantes de Babilonia se construyeron para una reina nacida en las montañas, que sentía nostalgia por su tierra en las llanuras babilónicas. Sin embargo, su total destrucción ha impedido incluso identificar con seguridad sus cimientos. A pesar de ello, se han hecho múltiples conjeturas acerca de cómo eran.

TRAS LAS HUELLAS DEL REY MINOS

En 1893, le mostraron al arqueólogo sir Arthur Evans unos sellos de piedra cubiertos de extraños signos, cuya pista le condujo hasta Creta, la legendaria tierra del rey Minos. Evans desenterró en sus excavaciones la grandiosa civilización minoica. Destruida y olvidada, había perdurado sólo en las leyendas.

EL FARO DEL MEDITERRÁNEO

Construido hacia el año 280 a.C., el faro de Alejandría, en Egipto, medía 117 m de altura y su llama podía verse a 50 km. Fue derribado por un terremoto en el siglo XIV, pero han sobrevivido textos que hacen referencia a él, y también pinturas. Recientemente se han encontrado restos del faro en el puerto.

Un misterio hindú

Las excavaciones de sir Robert Eric Mortimer Wheeler (1890-1976) descubrieron útiles (abajo), sellos de piedra (izquierda) y construcciones de la antigua civilización del Valle del Indo, en la India. Estas gentes habían inventado su propio sistema de escritura, pero nadie ha conseguido descifrarlo todavía. ¿Sabremos algún día quiénes fueron sus gobernantes, el significado de su gran baño ceremonial o la identidad de su dios, el Señor de los Animales?

UN GRAN HOMENAJE

En el siglo V a.C., el escultor griego Fidias hizo una enorme estatua de Zeus para el templo de este dios en Olimpia. Era de oro y marfil, y medía 13 m de altura. En el año 393 d.C., un emperador romano la trasladó hasta Constantinopla, pero, en el 462, un incendio arrasó el lugar en el que se hallaba, y la estatua resultó totalmente destruida.

LOS EFECTOS DE LA GUERRA

Los conquistadores españoles del siglo XVI destruyeron numerosos templos de las civilizaciones azteca e inca. La gran capital azteca de Tenochtitlán fue arrasada. Aunque se han sacado recientemente a la luz algunos monumentos, como la Gran Pirámide, la mayor parte de sus restos permanecen aún bajo la moderna ciudad de México.

Las leyendas, REALIDAD Y FANTASÍA

¡CONQUISTADORES!
Los primeros conquistadores españoles de América llegaron a este continente con el deseo de enriquecerse con el oro y la plata del Nuevo Continente. Aunque también buscaban servir a Dios, convirtiendo a los nativos al cristianismo, y a su rey consiguiéndole un imperio, fueron a menudo despiadados y codiciosos. En la actual Colombia oyeron hablar de la fantástica, aunque verdadera, historia de El Dorado (ver pág. 13).

Cuando sucede un acontecimiento de gran importancia, la gente habla de ello una y otra vez. Pero si no se pone por escrito en un plazo breve de tiempo, los hechos transmitidos oralmente van sufriendo cambios. Se omiten unos detalles, otros se añaden, y las hazañas de dos o más personas a veces se atribuyen a un único personaje, que se convierte en un héroe. Con los años, llegan incluso a olvidarse cómo fueron ciertas cosas o qué significaron, y se inventan explicaciones, a menudo erróneas. Incluso se puede dar una nueva interpretación de un hecho para que sea más acorde con la política y la religión del momento. Mas, en el fondo de cada historia, permanece algo de verdad.

LA BÚSQUEDA DE LA ATLÁNTIDA
Muchas personas han intentado averiguar dónde estaba la Atlántida, la gran isla que describe extensamente Platón (ver pág. 13). En la actualidad, unas personas creen que esta historia se inspiró en la Creta minoica (ver pág. 11). El recuerdo de esta isla con una civilización muy desarrollada, en la que los toros tenían una gran importancia en la religión, y su súbito declive, se habrían mezclado con los desastres naturales y los mitos. Otras personas piensan que en la génesis del mito de la Atlántida está el legendario reino de Tartesos, localizado en la zona de Cádiz, en el sur de España.

EL REY DORADO

Cuando un rey accedía al trono en la región del lago Guatavita, en Colombia, se le cubría con polvo de oro. Después navegaba hasta el centro del lago, donde arrojaba al agua ofrendas de oro para los dioses. La imaginación y la codicia hicieron que este hecho se exagerase y se llegó a hablar de una ciudad y una tierra hechas de oro. Durante dos siglos, varios conquistadores quisieron hallar El Dorado. Muchos perdieron la vida en el intento. Algunos probaron incluso desecar el lago, pero no lo lograron.

LA DESTRUCCIÓN DEL VOLCÁN

La isla de Thera (llamada Santorini en la actualidad), 120 km al norte de Creta, fue un puesto avanzado de la cultura minoica. Hacia 1450 a.C., una tremenda erupción volcánica arrasó la mayor parte de la isla y provocó un maremoto que destruyó los asentamientos minoicos del norte de Creta.

LA GÉNESIS DE LAS LEYENDAS

El filósofo griego Platón (arriba) escribió sobre la Atlántida, un reino insular perdido que, debido a un gran desastre natural, se hundió bajo las olas. Desde entonces, este reino ha originado múltiples controversias. Los estudiosos se preguntan si este reino es producto de la imaginación de Platón, si se basó en Thera y Creta, en el reino de Tartesos, o si se refiere a otra cultura desaparecida. Esta historia ya había sido recogida por los egipcios muy posteriormente a los hechos, así que, cuando llegó a Platón se habría transmitido de boca en boca el tiempo suficiente como para incorporar muchos errores.

Las minas del rey Salomón

Algunos aventureros han emprendido la búsqueda de objetos mencionados en la Biblia, como el Arca de la Alianza, el tesoro del templo de Jerusalén o el Arca de Noé. Otros buscaron lugares. Las fabulosas minas del rey Salomón cautivaron la imaginación popular e inspiraron novelas y películas. Cuando se hallaron las ruinas de la Gran Zimbabue (abajo), en África, algunos sugirieron que eran las famosas minas. Pero la Gran Zimbabue fue levantada por un imperio africano muy posterior. Seguimos sin saber nada de las minas de Salomón.

¿Pueden los textos antiguos conducirnos a lugares perdidos?

Unos antiguos textos mesopotámicos mencionan un lugar llamado Dilmun. Lo describen como un sitio tan maravilloso que, hasta hace poco, los historiadores pensaban que era un lugar imaginario. Recientes estudios de textos anteriores y de ruinas han demostrado que era una base situada en la ruta comercial entre Sumeria y el Valle del Indo. Cuando el comercio cesó, Dilmun cayó en el olvido. Hoy se sabe que era la isla de Bahrein.

Las culturas PERDIDAS

Todas las culturas evolucionan con el tiempo. Podemos seguir el desarrollo de algunas civilizaciones, como las del antiguo Egipto o China, durante miles de años. También conocemos cómo ha evolucionado la vida en Europa desde la caída del Imperio romano, en el 476 d.C. Aunque el modo de vida de la gente haya variado, podemos estudiar la evolución de determinados aspectos desde el pasado hasta el presente.

Incluso cuando nos parece que una cultura ha desaparecido totalmente, suelen pervivir algunas cosas, frecuentemente porque han sido asimiladas por una nueva civilización. A veces, en los textos o en las leyendas persisten recuerdos de culturas perdidas. Y tal vez un día los arqueólogos encuentren vestigios fiables.
Los arqueólogos a menudo se llevan grandes sorpresas cuando indagan sobre civilizaciones perdidas. Algunas personas dudaban de que los jóvenes minoicos (izquierda) saltaran entre los cuernos de los toros que les embestían. Sin embargo, se han encontrado pinturas y estatuas que lo prueban. ¿Arriesgaban así sus vidas para agradar a un dios? Tal vez creyeran que ese dios sacudía su país con terremotos, igual que el toro lanzaba por los aires a los atletas.

"... [el arqueólogo] saca a la luz un gran número de objetos que ilustran las artes y los oficios del pasado, los templos en los que los hombres veneraban a sus dioses, las casas que habitaban, los lugares en los que discurrían sus vidas."

Desenterrando el pasado, de sir Leonard Woolley, 1930

Decadencia, destrucción
Y MUERTE

Ciertas culturas florecientes sufrieron una rápida y total destrucción, pero esto raramente sucede de forma drástica. Por lo general, debido a múltiples factores, las culturas experimentan un largo y lento declive hasta que desaparecen. Sucesivos años de meteorología adversa pueden ocasionar hambrunas, la tierra puede volverse estéril debido a un cultivo abusivo, o puede agotarse la leña si se cortan demasiados árboles y no se replantan. Un río vital para el abastecimiento de agua puede cambiar su curso o un puerto cegarse debido a los sedimentos. También pueden ocurrir terremotos, inundaciones y otros desastres naturales. El comercio puede interrumpirse, el país puede entrar en guerra o sufrir invasiones. La población de una cultura en declive puede emigrar o adoptar el modo de vida de sus vecinos más prósperos.

¿Cómo se transforman las culturas en leyendas?
Se transforman a medida que los hechos se distorsionan con el paso del tiempo. Por ejemplo, un grupo de los Pueblos del Mar (ver pág. 17), denominados los peleset, fueron derrotados por Egipto. Entonces tuvieron que retirarse hacia el interior y se establecieron en una tierra que se denominó, tomando el nombre de sus nuevos ocupantes, Palestina. En la Biblia aparecen como los filisteos, los principales enemigos de los hebreos.

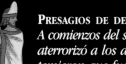

PRESAGIOS DE DESASTRES
A comienzos del siglo XVI, un cometa de fuego aterrorizó a los aztecas de Centroamérica. Éstos se temieron que fuera una señal de que los dioses estaban enojados con ellos. Durante diez años, sucedieron muchas cosas extrañas. Los aztecas creyeron que había caído una maldición sobre ellos y, de hecho, su civilización tenía los días contados pues habían llegado los españoles (ver pág. 12).

EL ÚLTIMO BALUARTE DE LOS INCAS
En 1911, el explorador Hiram Bingham partió hacia los Andes. Llevaba consigo unos textos que hacían referencia a ciudades donde los últimos incas habían resistido a los ataques españoles. Encontró Machu Picchu, una ciudad inca oculta por la jungla durante 300 años.

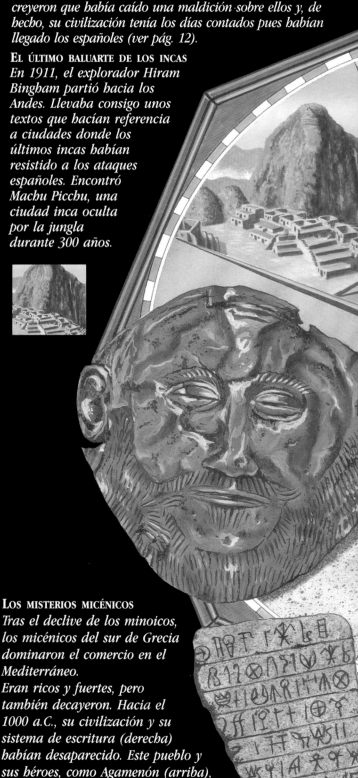

LOS MISTERIOS MICÉNICOS
*Tras el declive de los minoicos, los micénicos del sur de Grecia dominaron el comercio en el Mediterráneo.
Eran ricos y fuertes, pero también decayeron. Hacia el 1000 a.C., su civilización y su sistema de escritura (derecha) habían desaparecido. Este pueblo y sus héroes, como Agamenón (arriba), pasaron a engrosar las leyendas.*

LOS MITOS MAYAS

Hace algún tiempo, se creía que el pueblo maya era un pueblo pacífico. Recientemente, los arqueólogos han comenzado a descifrar su escritura, y han averiguado que sus ciudades-estado rivales lucharon constantemente por la supremacía. Hoy sabemos que su decadencia se debió no sólo al cultivo abusivo de las tierras sino también a las guerras.

Una cultura avanzada

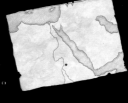

El estado de Meroe floreció del 50 a.C. al 359 d.C. aproximadamente, y estableció relaciones comerciales con Egipto, África, Grecia, Roma y la India.

Su cultura aunó elementos autóctonos con costumbres de otros países, entre ellos Egipto, de donde tomaron la costumbre de erigir tumbas piramidales para sus reyes (foto inferior). Sus agricultores cultivaron el algodón, traído de la India, y sus herreros trabajaron con pericia el hierro, difundiéndose su técnica por África. Un texto afirma que Meroe era tan rico que ataban a sus prisioneros con cadenas de oro. Su decadencia se produjo por los ataques de pueblos enemigos y se hundió definitivamente tras la invasión del rey de Axum, de África oriental.

INVASORES DEL MAR

Diversos textos del antiguo Egipto describen las invasiones de unos misteriosos "Pueblos del Mar". Éstos eran los micénicos, cuyo imperio se encontraba en pleno declive y buscaban nuevas tierras donde asentarse. Hacia el 1190 a.C., invadieron lo que hoy es Turquía, aniquilando a los hititas (ver pág. 18). Finalmente, fueron derrotados por el faraón Ramsés III de Egipto, y se dispersaron por todo el Mediterráneo.

LA CIUDAD DE ATÓN

El rey Akhenatón de Egipto creyó que Atón era el único dios. Hizo construir una nueva ciudad en Tel-el-Amarna, y prohibió el culto a todos los demás dioses. Pero a su muerte, Amarna fue abandonada a merced de las arenas del desierto.

¿Quiénes FUERON?

LA CLAVE DE UN PUEBLO PERDIDO
En los años setenta, aparecieron en los anticuarios y subastas de arte unas extrañas estatuillas (izquierda). Los expertos llevaron a cabo investigaciones, y finalmente descubrieron que estas estatuillas pertenecían a una cultura desconocida, que floreció en Bactria del 2500-1500 a.C. Los bactrianos fueron ricos comerciantes que controlaron la ruta terrestre entre el Valle del Indo y Mesopotamia.

El idioma de un pueblo nos proporciona una pista de gran valor a la hora de averiguar su identidad. Uno de los idiomas antiguos es el llamado protoindoeuropeo. Los grupos que hablaban este idioma empezaron a dispersarse con el transcurso de los siglos. Atravesaron Europa y llegaron a Oriente Medio. Luego prosiguieron su migración hasta la India y Turquestán. La lengua varió tanto de un grupo a otro que, de haberse encontrado, no hubieran podido comunicarse. La familia lingüística que ahora denominamos indoeuropea comprende casi todas las lenguas europeas y también el ruso, ucraniano, armenio, iraní y las principales lenguas de India y Pakistán, así como muchas lenguas antiguas.

CONQUISTAS HITITAS
Hacia el 2000 a.C., los hititas llegaron hasta Anatolia, procedentes del norte del mar Negro. Con el tiempo, crearon allí un imperio e inventaron un sistema de escritura (ilustración inferior). En un principio fueron enemigos de Egipto, pero acabaron firmando con ellos un tratado de paz. Los hititas fueron aniquilados por los Pueblos del Mar (ver pág. 17).

¿Brutales invasores o pacíficos colonos?
Debido a que todos los testimonios sobre las acciones de los vikingos fueron escritos por sus víctimas, este pueblo se ha considerado, durante siglos, como un pueblo de feroces piratas. Algunos lo fueron, pero la mayoría eran agricultores y expertos artesanos. Otros fueron osados mercaderes que viajaron hasta Oriente Medio, o intrépidos exploradores que fundaron colonias en Rusia, Islandia, Groenlandia y Norteamérica.

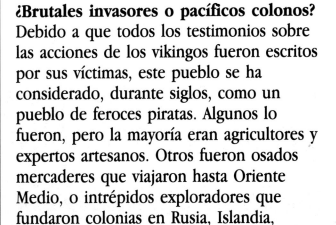

LOS PRIMEROS MINOICOS

Hacia el año 6000 a.C., los antepasados de los minoicos llegaron a la isla de Creta, probablemente desde Anatolia. Los arqueólogos han estudiado cómo pasaron de ser un pueblo de simples agricultores a una gran nación comercial. Inventaron un sistema de escritura propio, al que denominamos Lineal A, que nadie ha conseguido descifrar aún. Sin embargo, la llamada escritura Lineal B de los micénicos posteriores (ver pág. 16) sí nos resulta legible, ya que se trata de una primitiva forma del griego, un lenguaje indoeuropeo.

LA CIUDAD ROSADA

En el siglo IV a.C., los nabateos, una tribu árabe, establecieron un reino en lo que había sido Edom. Desde allí controlaron las rutas comerciales que unían Arabia y el mar Rojo con el Mediterraneo, y se hicieron ricos y poderosos. Su gran capital, Petra, construida con piedra rosada, estaba rodeada de altos riscos. Se entraba a ella por un estrecho desfiladero entre las rocas, y sus templos y tumbas estaban excavados en la piedra. Cayó bajo dominio romano en el 106 d.C. y sufrió un lento declive.

LAS DESAPARECIDAS MARAVILLAS DE ANGKOR

El imperio de los jemeres de Camboya se extendió hacia el año 800 d.C. Por entonces construyeron un gran complejo de templos en Angkor Vat y una capital en Angkor Thom. Pero fueron derrotados por los thais a comienzos del siglo XV y sus edificios abandonados fueron invadidos por la selva. Henri Mouhot los encontró por azar en 1860.

¿Cuál es el alfabeto más antiguo?
Los primeros sistemas de escritura fueron los jeroglíficos, que representan el significado de las palabras mediante figuras o símbolos.
Los antiguos griegos adoptaron después el sistema fenicio para formar el primer alfabeto.
Se cree que la O es la letra escrita más antigua.
Sabemos que ya se usaba en el 1300 a.C. y, desde entonces, no ha cambiado de forma.

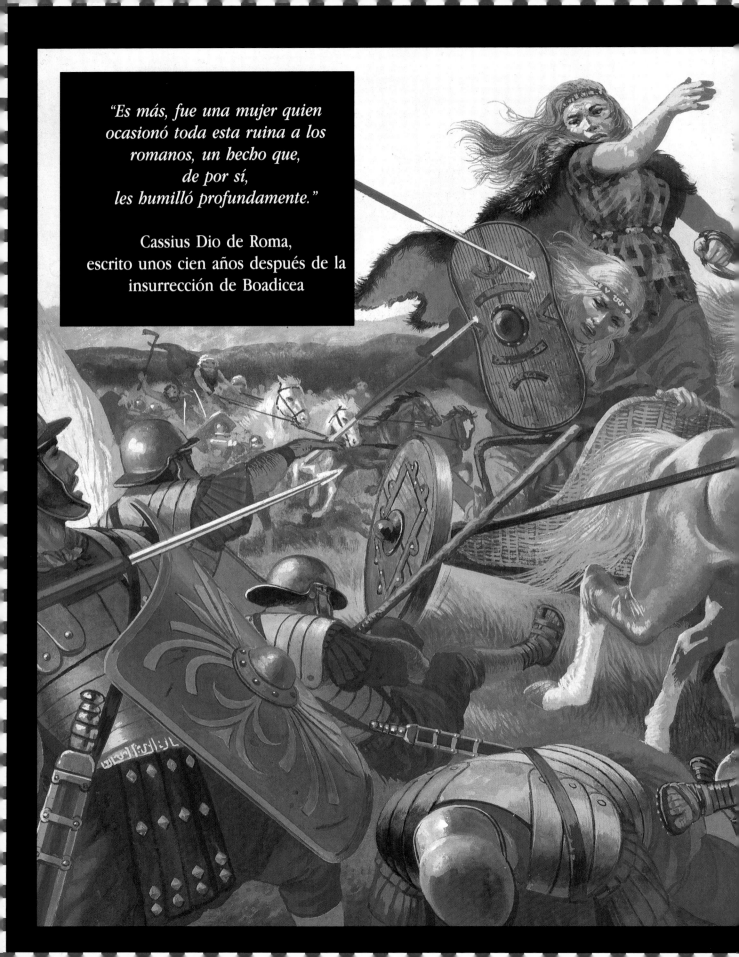

"Es más, fue una mujer quien ocasionó toda esta ruina a los romanos, un hecho que, de por sí, les humilló profundamente."

Cassius Dio de Roma, escrito unos cien años después de la insurrección de Boadicea

Personas
DESAPARECIDAS

Aunque una sociedad deje constancia escrita de las hazañas de sus grandes hombres y mujeres, los textos se pueden extraviar o ser destruidos. Nuestro conocimiento sobre ellos es, por tanto, limitado, pero siempre queda la esperanza de encontrar nuevos textos en alguna excavación.

Si la escasa información escrita sobre un suceso procede sólo de una de las partes implicada en una contienda, es muy probable que no sea objetiva. La rebelión de los ingleses contra los romanos, en los años 60-61 d.C., liderada por la reina Boadicea de la tribu icenia, es buen ejemplo de ello. En esta lucha murieron miles de colonos y soldados romanos, varios pueblos importantes quedaron destruidos y Roma estuvo a punto de perder su nuevo territorio. Pero los romanos finalmente derrotaron a los icenios y relataron su lucha por imponer la ley, el orden y la civilización en unas tierras en las que imperaba la barbarie y la ignorancia. Boadicea y los ingleses que murieron fueron descritos como unos salvajes indignos de cualquier consideración. Si, por el contrario, nos hubieran llegado documentos escritos por los icenios sobre estos hechos, posiblemente nos habrían relatado su heroico esfuerzo para expulsar a los invasores, cuya codicia, crueldad y brutal trato a la reina Boadicea les habría hecho indignos de consideración o clemencia.

M u j e r e s OLVIDADAS

Nuestro conocimiento sobre las mujeres en la historia es limitado. Esto se debe, en parte, a que muchos documentos han resultado destruidos con el tiempo, pero también a que algunas sociedades fueron gobernadas por hombres que no concedieron importancia a las mujeres, y les negaron cualquier derecho o poder fuera del ámbito doméstico. Los testimonios de una civilización con estas características aportan pocos detalles sobre las mujeres. Si una sociedad machista se veía amenazada por alguna mujer, sus escritores procuraban desacreditarla. En los textos y en las excavaciones se han encontrado referencias a muchas mujeres "silenciadas", pero debemos ser muy cautos para no dejarnos engañar por las opiniones de los autores de los textos.

UN REY DIFERENTE

Las mujeres gozaban de consideración en el antiguo Egipto, pero sólo podían reinar los hombres. Sin embargo, algunas mujeres lograron acceder al trono. La reina Hatshepsut se declaró elegida por el dios Amón para gobernar como "faraón". Tras su muerte, su sobrino destruyó todos sus monumentos para borrar su rastro. Hoy, los arqueólogos los están recomponiendo para intentar saber más acerca de esta época.

PAGAR EL PRECIO

Zenobia, reina de Palmira, en Siria, se hizo con un imperio al conquistar las provincias orientales de Roma. Cuando finalmente la derrotaron, los romanos intentaron humillarla obligándola a caminar en el desfile triunfal del emperador. Pero Zenobia se casó con un senador romano y se convirtió en una famosa anfitriona.

¿Cómo murió la reina Boadicea?

Tras su derrota, en el año 61 d.C., Boadicea prefirió suicidarse a caer prisionera de los romanos. Los documentos dicen que los icenios le hicieron un suntuoso enterramiento, pero no está claro dónde. Varios lugares en Inglaterra se disputan el honor de ser la última morada de la gran reina.

Según una teoría, descansa bajo el andén 8 de la estación de ferrocarril de King's Cross, en Londres. ¿Se resolverá algún día este enigma?

LA REINA MISTERIOSA

La reina Nefertiti era la esposa de Akbenatón (ver pág. 17). A la muerte de ambos, sus enemigos intentaron destruir todos los testimonios de su revolución religiosa, dejándonos así muchas incógnitas. ¿Apoyó Nefertiti el culto a Atón de su esposo? ¿Llegó a ser "faraón" durante algún tiempo? ¿Cómo y cuándo murió?

LA REINA MÁS FAMOSA DE LA HISTORIA

Nuestra información sobre la reina Cleopatra VII nos viene principalmente de los documentos romanos. Como esta reina egipcia ayudó a Marco Antonio a luchar contra Octavio (que luego gobernó con el nombre de Augusto), en estos documentos aparece como una mujer indigna, aunque llevó a cabo una acertada labor de gobierno.

LA LEYENDA DE SABA

Dice la Biblia que la reina de Saba visitó al rey Salomón y aprendió mucho de su sabiduría. De hecho, el reino de Saba era muy rico debido al comercio. Es probable que la reina visitara a Salomón para realizar un trato comercial.

UN FASTUOSO ENTERRAMIENTO

En la década de los ochenta, os arqueólogos descubrieron la sepultura de una misteriosa dama de la nobleza china. Se encontraba en una tumba ricamente tallada, rodeada de tesoros y envuelta en ricas sedas. Gracias a las técnicas médicas modernas se ha averiguado qué enfermedad padecía y cómo pasó sus últimas horas.

Un escándalo en Roma

Cuenta la leyenda que hubo una vez una joven que, disfrazada de hombre, fue elegida Papa con el nombre de "Papisa Juana". Es posible que en el origen de esta historia estuvieran dos mujeres, una madre y su hija, llamadas Teodora y Marcia, que en el siglo X tuvieron una gran influencia sobre los Papas, muy débiles, llegando incluso a decidir quiénes debían ser los nuevos Papas.

Personajes LEGENDARIOS

Todos los pueblos y culturas tienen sus leyendas. Por tentador que resulte recurrir a una de ellas para corroborar una teoría sobre algún hecho histórico, debemos emplearlas con sumo cuidado. Una leyenda puede estar basada en hechos reales, mas no siempre se sabe cuáles de los hechos narrados son verdaderos, cuáles están basadas en la realidad pero han sufrido cambios, y cuáles son invenciones posteriores. A un arqueólogo le puede resultar muy emocionante descubrir en un texto o un yacimiento algo que confirme o explique una leyenda, pero normalmente los arqueólogos no emprenden un trabajo con la finalidad de demostrar la veracidad de una leyenda.

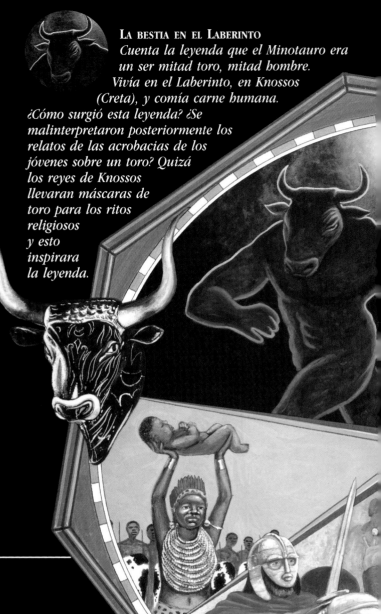

LA BESTIA EN EL LABERINTO
Cuenta la leyenda que el Minotauro era un ser mitad toro, mitad hombre. Vivía en el Laberinto, en Knossos (Creta), y comía carne humana. ¿Cómo surgió esta leyenda? ¿Se malinterpretaron posteriormente los relatos de las acrobacias de los jóvenes sobre un toro? Quizá los reyes de Knossos llevaran máscaras de toro para los ritos religiosos y esto inspirara la leyenda.

El rey eterno
Carlomagno (742-814 d.C.), rey de los francos en lo que hoy es Francia y Alemania, fue un hombre extraordinario: destacó como líder militar y conquistador además de mecenas de las artes. Tras su muerte, su recuerdo pervivió en Europa durante años y los juglares no tardaron en exagerar sus hazañas para enaltecer su persona. Así fue como los gascones, contra los que él luchó, se convirtieron en sarracenos en los relatos, ya que éstos eran los mayores enemigos de los europeos de entonces. Se dijo incluso que no había muerto y que algún día volvería a gobernar.

EL DEFENSOR DE LOS OPRIMIDOS

El héroe popular más apreciado en Inglaterra es Robin Hood. Pero ¿quién era realmente? Durante siglos, los escritores han alterado su identidad para adaptarlo a la época. Así se ha dicho que era desde un campesino a noble.

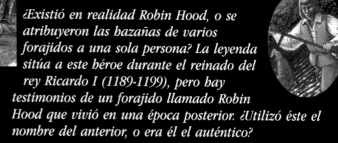

¿Existió en realidad Robin Hood, o se atribuyeron las hazañas de varios forajidos a una sola persona? La leyenda sitúa a este héroe durante el reinado del rey Ricardo I (1189-1199), pero hay testimonios de un forajido llamado Robin Hood que vivió en una época posterior. ¿Utilizó éste el nombre del anterior, o era él el auténtico?

UN TERRIBLE SACRIFICIO

Cuenta una leyenda que, cuando la guerra civil asoló África occidental en el siglo XVIII, la reina Pokou y su pueblo emprendieron la huida, pero se encontraron con un gran río turbulento que les cortaba el paso. Para poder cruzarlo sin peligro, los dioses exigieron el sacrificio de un niño. Pokou pudo haber matado al bebé de alguna pobre mujer, pero la leyenda cuenta que sacrificó a su propio hijo.

¿Pueden confundirse leyenda y realidad?
Leyenda y realidad suelen mezclarse según se transmite oralmente una historia a través de los siglos. Por ejemplo, cuenta una leyenda que un remoto Conde de Anjou, en Francia, conoció a una bella joven llamada Melusina en un bosque. Se enamoró y se casó con ella, y vivieron felices, hasta que un día descubrió que era hija del diablo. Se dice que entre los descendientes de Melusina están los reyes Plantagenet de Inglaterra (1154-1399), antepasados de la actual familia real inglesa.

MUJERES GUERRERAS

Según los escritores griegos de la antigüedad, los héroes micénicos lucharon contra las Amazonas, una tribu de valientes mujeres que combatían a caballo y que emigraron a la actual Rusia. Los estudiosos desestimaron la veracidad de esta leyenda pero, en 1950, los arqueólogos encontraron las tumbas de una tribu nómada en Rusia. Algunas eran de mujeres y contenían armas y corazas de la época de las Amazonas.

LOS CABALLEROS DE LA MESA REDONDA

¿Quién fue el verdadero rey Arturo? Antiguos textos sugieren que fue un bretón romano que luchó contra los sajones. Detalles como la espada Excalibur, sus caballeros y la Mesa Redonda son posteriores. Tras la victoria sajona, algunos bretones huyeron a Gales, donde los bardos reescribieron la historia. Y los juglares medievales, los poetas del siglo XV y los escritores victorianos la ampliaron hasta crear la leyenda que hoy conocemos.

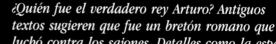

"*Os guste o no, la historia está
de nuestra parte.
¡Os enterraremos!*"

Nikita Krushchev, presidente de la
anterior URSS,
en un discurso ante
embajadores occidentales, 1956

O b j e t o s
MISTERIOSOS

El clima, la naturaleza y los hombres causan tales estragos que resulta sorprendente la cantidad de construcciones, textos y objetos que han sobrevivido al paso de los siglos. Sin embargo, representan tan sólo una ínfima parte del esplendor de civilizaciones antiguas. Si no se conserva ninguna referencia escrita de un lugar histórico, éste cae en el olvido y se pierde por completo.

Los textos mencionan muchos lugares, pero a veces no sabemos dónde estaban. Algunos aparecen tras exhaustivas investigaciones. Otras veces se conoce el emplazamiento de una ciudad, pero resulta difícil acceder hasta ella. Los romanos destruyeron la ciudad de Cartago, en el norte de África. En la actualidad, gracias a concienzudas excavaciones, los arqueólogos están averiguando cómo era su magnífico puerto y espléndidos muelles (ilustración de la izquierda), y otros datos acerca de la cultura cartaginense.

Hay quienes aman los desafíos y siguen buscando objetos y lugares que muchos historiadores creen que ya no existen, como, por ejemplo, el Arca de Noé y el Arca de la Alianza.

Los libros
PERDIDOS

Siempre es lamentable que los libros y la información vital que contienen se destruyan. También es terrible que se distorsionen sus contenidos para acomodarlos a las ideas una época posterior. Sin embargo, la historia está llena de ejemplos de destrucción deliberada de libros. Muchos gobernantes han mandado destruir textos para borrar la memoria de enemigos, o han quemado libros para detener la difusión de ideas "inaceptables".

Una de las emociones más intensas para un arqueólogo es encontrar un texto con información histórica vital. Éste fue el caso del Papiro de Turín, que contenía una lista completa de los faraones de Egipto. Pero este papiro sufrió daños tan severos durante el transporte, que los expertos siguen intentando restaurarlo.

LA PÉRDIDA DE UNA LARGA HISTORIA
Los mayas y aztecas usaron rollos de corteza de árbol o piel de ciervo para plasmar dibujos que relataban su pasado. Los españoles los quemaron casi todos y escribieron para su rey un nuevo documento, el Códice de Mendoza, en el que se contaba cómo era la vida diaria de los aztecas.

TESTIMONIOS DESAPARECIDOS
La biblioteca de Alejandría contenía unos 500.000 manuscritos, que eran consultados por eruditos que acudían desde muy lejos. Parte se quemó durante la campaña de César en Egipto (48 a.C.). El resto fue destruido hacia el 270 d.C. ¡La información histórica que se perdió era de valor incalculable!

¿Han influido en nuestras vidas los textos antiguos? Nuestra cultura actual debe mucho al saber de los antiguos, gran parte del cual nos ha llegado a través de los griegos, romanos y árabes, que también aportaron un gran bagaje de conocimientos e ideas. Los egipcios inventaron el calendario de 365 días y dividieron el día en 24 horas. Los babilonios usaron un sistema numérico de base 60, del cual obtenemos los 360 grados del círculo, 60 minutos de una hora y 60 segundos de un minuto.

CRÍTICAS CON CASTIGO

En el año 221 a.C., Cheng, gobernador de la provincia de Qin, se convirtió en el primer emperador de toda China. Al enterarse de que algunos sabios le criticaban, ordenó quemar todos los libros, antiguos y nuevos, que pudieran utilizarse en su contra. Después mandó ejecutar a 460 sabios.

Los manuscritos del mar Muerto

En 1947, en Qumran, a orillas del mar Muerto, un pastor entró en una cueva para buscar a una cabra extraviada. Encontró en ella unos antiguos y extraños rollos de pergamino. Pocos años después se descubrieron otras cuevas y más rollos. El estudio de estos textos se vio dificultado por rivalidades académicas, políticas y religiosas, hoy al fin resueltas. Los rollos contienen textos y comentarios bíblicos, calendarios e himnos. Pertenecen a los primeros siglos anteriores y posteriores a la vida de Cristo y probablemente fueron escondidos durante las sublevaciones judías del 66 a.C. y 132 d.C. para ponerlos a salvo de los romanos. Nos informan sobre la vida religiosa antes del nacimiento de Cristo y son, por tanto, igualmente importantes para cristianos, judíos y musulmanes.

LOS EVANGELIOS SECRETOS

En los primeros tiempos del cristianismo, había muchos grupos diferentes. Los gnósticos decían tener una doctrina secreta, y la Iglesia ordenó la destrucción de sus escritos. Un gnóstico enterró sus libros en Nag Hammadi, en Egipto. Hace unos pocos años, fueron hallados por un labrador.

PALABRAS SABIAS

Las sibilas eran profetisas romanas, con supuestos dones para adivinar el futuro. Una de ellas vendió tres libros escritos por ella al rey Tarquinio de Roma. Se decía que las profecías sibilinas eran muy exactas y se consultaban en tiempos problemáticos. En el año 83 a.C. estos libros fueron destruidos por el fuego, así que nunca sabremos cuán precisas eran.

¿Por qué se HICIERON?

En una época en la que el simple hecho de lograr subsistir requería esfuerzos considerables, los hombres del pasado emplearon muchas energías y largo tiempo (a pesar de que sus vidas solían ser bastante breves) en la construcción o realización de determinadas obras. ¿Qué motivó a los cazadores de la Edad de Piedra, que necesitaban de todo su vigor para sobrevivir en una época glacial, a pasarse horas metidos en cuevas para producir maravillas tales como las pinturas de Lascaux (ver pág. 32) o las de Altamira? Resulta difícil averiguar cómo y, sobre todo, por qué se hicieron algunas cosas. Hoy día, hay personas a las que les cuesta creer que las pirámides de Egipto, cuya construcción requirió un esfuerzo tan inmenso, sirvieran sólo de tumbas. Cuando no tenemos textos, sólo objetos o ruinas, interpretar su finalidad resulta aún más difícil.

¿Eran las ciudades antiguas como las modernas? En la ciudad de Çatal Hüyük (en la actual Turquía), una de las primeras ciudades que se construyeron en el mundo, no había calles y se entraba a las casas a través de agujeros en los tejados. Esta ciudad tenía amplias conexiones comerciales y era muy rica. Quizá sus habitantes temieran el ataque de vecinos envidiosos.

INMENSAS PIEDRAS EN PIE
Los pueblos de la Edad del Bronce europea (3500-1000 a.C.) han dejado tras de sí numerosos monumentos hechos con menhires (grandes piedras verticales clavadas en el suelo). Algunos forman largas alineaciones; otros, círculos. El círculo más famoso es el de Stonehenge (izquierda), en el sur de Inglaterra. Sin duda fue construido para ritos religiosos, relacionados quizá con el sol, pues está orientado hacia su salida en los solsticios de verano e invierno. Pero ¿qué son esas piedras con rostro humano de la isla de Córcega (arriba)? ¿Representan dioses, héroes o enemigos?

CONMEMORACIÓN ETERNA
Los indios de Norteamérica construyeron el túmulo de la Efigie de Rock Eagle, en el 500 d.C. Mide 36 m de envergadura y es uno de los muchos monumentos de culturas que florecieron del 1000 a.C. al 1500 d.C. en los valles de los ríos Ohío y Misisipí. Algunos túmulos servían para enterramientos o sostenían palacios en la cima. Otros quizá tuvieron un uso religioso: como no tenemos testimonios escritos, sólo podemos hacer suposiciones.

MONUMENTOS MISTERIOSOS

La isla de Pascua mide tan sólo 26 km de largo, pero entre los años 600 y 1500 d.C., sus habitantes polinesios esculpieron unas 1.000 cabezas de piedra de enorme tamaño. ¿Por qué lo hicieron? ¿Para honrar a sus antepasados famosos? La guerra civil y el hambre terminaron con su actividad escultórica.

DIBUJOS EN LA ARENA

El pueblo de Nazca floreció a lo largo de la costa sur de Perú desde el 200 a.C. al 600 d.C. Este pueblo trazó líneas a través del desierto retirando las piedras para dejar la arena expuesta. Algunas líneas tienen varios kilómetros de largo, otras forman figuras geométricas o enormes siluetas de monos, arañas y pájaros. ¿Para qué realizaron este trabajo ímprobo? ¿Para complacer a los dioses del cielo?

Guardianes de los difuntos

En las tumbas de los chinos nobles de antaño se colocaban estatuas de siervos, pero el primer emperador (221-210 a.C.) los superó a todos. En su tumba en Monte Li se puso un ejército entero de soldados de barro. Hasta ahora, se han encontrado más de 8.000 estatuas de tamaño natural. La mayoría son soldados de a pie, pero también hay oficiales, caballos y carros. Cheng sufrió tres atentados en su vida. Quizá por eso deseara un más allá a salvo, custodiado por sus guerreros más fieles.

LEYES DE PIEDRA

El rey Asoka de la India (272-231 a.C.) mandó levantar esta columna con leones (derecha) para señalar el lugar donde Buda comenzó a enseñar. También ordenó emplazar en todo el país otras muchas columnas con las inscripciones de las leyes que promulgó para propiciar paz y felicidad en su reino.

EL PRIMER DIQUE EGIPCIO

Recientes excavaciones en Egipto han desvelado que, hacia el 2600 a.C., los egipcios quisieron construir una presa para proteger los poblados de las crecidas que anegaban el estrecho valle. Pero una crecida destruyó la presa antes de que lograran terminarla.

"*La búsqueda de tesoros es tan antigua como el hombre; la arqueología científica es una disciplina moderna, pero en su corta vida... ha hecho maravillas.*"

Sir Leonard Woolley, *Desenterrando el pasado*, 1940

Nuevas ideas e INVESTIGACIONES

Son los arqueólogos quienes lideran la batalla por encontrar los tesoros perdidos del pasado. En sus excavaciones siguen descubriendo objetos ocultos, edificaciones, textos, ciudades e, incluso, civilizaciones enteras. Posteriormente, los historiadores y los lingüistas se encargan de analizar el material hallado. A diferencia de los arqueólogos del pasado, los investigadores modernos cuentan con la ayuda de científicos especializados y la tecnología actual más avanzada.

La arqueología es hoy más popular que nunca. Tanto los libros publicados como los documentales de la televisión han difundido la emoción de sus hallazgos. Además, el transporte aéreo permite que miles de personas puedan visitar las maravillas del mundo. Esto, que es bueno para el turismo, puede, sin embargo, ocasionar problemas arqueológicos. Si demasiadas personas recorren los yacimientos, pueden causar el deterioro e, incluso, la destrucción de precisamente aquello que han ido a ver. Las cuevas de Lascaux, en Francia, permanecen cerradas desde 1963. Mientras estuvieron abiertas al público, las algas invadieron las cuevas y comenzaron a destruir pinturas maravillosamente conservadas durante 17.000 años (izquierda).

Rostros del PASADO

EL ROSTRO DE FILIPO

En 1977, los arqueólogos encontraron lo que, según creían, era la tumba del rey macedonio Filipo II, pero carecían de pruebas que corroboraran sus sospechas. Entonces un experto reconstruyó con arcilla la calavera hallada en la tumba. Pertenecía a un hombre de unos cuarenta a cincuenta años, y tenía una cicatriz sobre el ojo derecho. Los historiadores sabían que Filipo había sido herido por una flecha en ese ojo, luego es probable que la tumba fuera la suya.

Todo historiador sueña con lo maravilloso que sería conocer a personas de épocas pasadas y, a veces, este sueño casi se hace realidad. Gracias a que los antiguos egipcios momificaban a sus muertos, hoy podemos contemplar con emoción el rostro de ciertos faraones y algunos de sus súbditos. Ocasionalmente, también se han encontrado cadáveres de tiempos remotos conservados en perfecto estado gracias a las condiciones ambientales naturales. Además, los arqueólogos también pueden recurrir a las modernas técnicas policiales de reconstrucción facial. Éstas consisten en recubrir los huesos con arcilla para modelar los músculos, los tejidos y los rasgos, como la nariz y la boca, hasta lograr dar al cráneo el aspecto del rostro de su dueño.

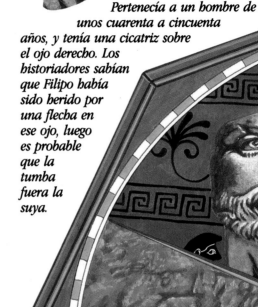

El hombre de hielo

Hace unos 5.000 años, un hombre caminaba por los Alpes de Austria en un día de otoño cuando fue sorprendido por una ventisca. Se echó sobre el suelo y no despertó jamás. Su cuerpo, preservado por el hielo, fue hallado en 1991. El estudio de sus pertenencias nos está proporcionando una valiosa información sobre la vida en su época. Pero ¿por qué iba solo? ¿Era un comerciante, un pastor o un sacerdote? ¿Habría dejado su poblado a toda prisa?

ENTERRADOS EN EL PANTANO

Las ciénagas del norte de Europa han preservado los cuerpos de muchos hombres que, tras ser matados, fueron arrojados al lodo. Sabemos que en la Edad del Hierro se hacían sacrificios humanos a los dioses y diosas.

¿Pertenecían estos cadáveres a víctimas sacrificadas? Puede que algunos fueran criminales ajusticiados o voluntarios que esperaban atraer el favor de los dioses mediante su sacrificio.

VÍCTIMAS DEL VESUBIO

En el 79 d.C., el volcán Vesubio, en Italia, entró en erupción y la ciudad de Pompeya quedó sepultada bajo cenizas y lava. La mayoría de sus habitantes huyeron, pero los que se quedaron murieron asfixiados por el humo. Los cuerpos se pudrieron, pero la ceniza que los recubría se endureció, conservando sus formas. Los arqueólogos han hecho réplicas de estos cuerpos antiguos rellenando los huecos con escayola.

UNA MIRADA DEL PASADO

Vivió en el antiguo Egipto y tenía unos catorce años cuando murió. De su momia sólo quedaban los huesos. Padeció una enfermedad de la nariz y había perdido ambas piernas a partir de la rodilla, aunque no sabemos si esto le sucedió antes o después de muerta. Este misterioso rostro de muchacha se ha reconstruido sobre su cráneo y hasta se ha maquillado.

EL ROSTRO DE UN REY

Timur Leng (Timur el Cojo, 1336-1405), conocido en Occidente como Tamerlán, fundó un imperio en Oriente Medio y Asia central. Cuando los historiadores abrieron su tumba, solicitaron a los expertos que reconstruyeran el rostro sobre la calavera encontrada. Esta reconstrucción reveló el rostro severo del cruel señor de la guerra.

ENTERRARSE CON SU CABALLO

En los montes Altai de Kazajstán, en Asia central, los jefes nómadas y sus familias solían enterrarse en tumbas cavadas en terreno permanentemente helado. Esto ha permitido que se conservaran en algunos casos ¡hasta los tatuajes de su piel! Se han hallado en las tumbas (las más antiguas fechadas entre el año 400 y 200 a.C.) objetos de madera, ropas, pieles y también ¡caballos sacrificados!

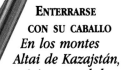

¿Qué aporta la medicina moderna al conocimiento del pasado?
Los conocimientos médicos actuales pueden ayudar mucho a los historiadores. La mayoría de las estatuas de Alejandro Magno lo representan con la barbilla levantada y la cabeza hacia un lado. Esto se interpretó como un gesto de arrogancia. Hoy, dos médicos han sugerido que posiblemente padeciera una enfermedad de los ojos, llamada síndrome de Brown. Para ver bien, estos enfermos tienen que colocar la cabeza en la misma postura que las estatuas de Alejandro.

Métodos del
FUTURO

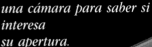

Tanto la ciencia como la tecnología y la medicina han progresado rápidamente en los últimos años, y prestan en la actualidad una gran ayuda a los investigadores y arqueólogos. Las nuevas técnicas facilitan encontrar y fechar yacimientos y objetos. Además, hoy es posible reconstruir un antiguo paraje mediante el análisis de los pólenes y microorganismos hallados en un yacimiento. Las técnicas médicas nos aportan una valiosa información mediante los análisis de sangre y los estudios de ADN. La ciencia contribuye también a la óptima conservación de los objetos y lugares de interés arqueológico, así como a detectar fraudes.

¿QUÉ HAY DEBAJO?
La apertura de tumbas y su estudio arqueológico lleva tiempo y dinero. Los arqueólogos actuales utilizan equipos especiales para detectar zonas huecas bajo la tierra. Cuando aparece una tumba, se perfora un agujero y se introduce una cámara para saber si interesa su apertura.

Nuevos hallazgos y nuevas técnicas
En 1994 se hallaron en Atapuerca (Burgos) trozos de hueso de homínidos. Mediante técnicas geofísicas avanzadas se ha podido afirmar que estos fósiles tienen unos 780.000 años de antigüedad. Este hallazgo tiene gran importancia, pues estos individuos serían no sólo los europeos más antiguos sino también un eslabón clave de la evolución humana.

EL ORGULLO DE LA FLOTA
El Mary Rose naufragó cerca de Plymouth, Inglaterra, en 1545. Quedó recostado sobre el lecho marino, donde los sedimentos conservaron la mitad del casco. Rescatado en 1982, está proporcionando valiosos detalles sobre la vida y la construcción naval en la época de los Tudor.

HISTORIA VIRTUAL
¿No te has preguntado alguna vez, al contemplar unas ruinas, cómo sería el edificio original? Gracias a los ordenadores, ahora se puede saber. Los planos de las ruinas sirven para realizar una reconstrucción en tres dimensiones y ver el edificio tal como era en el pasado.

ARQUEOLOGÍA AÉREA

Una construcción en ruinas o un gran túmulo, ya sea una tumba o restos de una ciudad desaparecida hace mucho tiempo, son fáciles de detectar. Pero un yacimiento que ha sido arrasado y sobre el que ha crecido la vegetación es muy difícil de localizar. Sin embargo, la tierra que cubre antiguos muros no es muy profunda, y en ella crecen peor las plantas. Esto produce zonas diferenciadas en los cultivos, que no se perciben en el suelo, pero sí en las fotografías tomadas desde el aire.

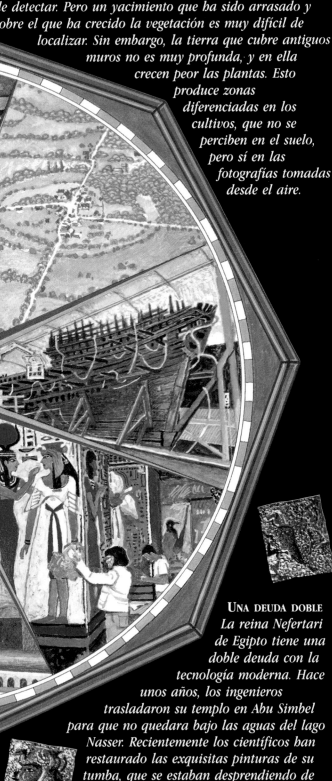

UNA DEUDA DOBLE

La reina Nefertari de Egipto tiene una doble deuda con la tecnología moderna. Hace unos años, los ingenieros trasladaron su templo en Abu Simbel para que no quedara bajo las aguas del lago Nasser. Recientemente los científicos han restaurado las exquisitas pinturas de su tumba, que se estaban desprendiendo de los muros debido a los cristales de sal que se habían formado bajo la pintura.

FAMILIAS FELICES

El ADN es una sustancia del cuerpo, heredada de nuestros padres, que determina nuestro aspecto. El ADN de cada persona es único. Los arqueólogos mandan realizar estos análisis para conocer el parentesco existente entre diferentes cadáveres. Actualmente se está utilizando para identificar las momias egipcias.

La magia submarina

Durante la segunda guerra mundial (1939-1945) se perfeccionó la escafandra autónoma, que permitió la inmersión prolongada con una gran libertad de movimientos. Esto condujo al nacimiento de la arqueología submarina. Desde entonces, se han descubierto numerosos barcos hundidos. Asimismo se han hallado construcciones que han quedado bajo las aguas. Recientemente se han encontrado en el fondo marino bloques de piedra del faro de Alejandría y estatuas que adornaron la ciudad en el pasado.

¿Qué es lo próximo?

El pasado está lejos de habernos desvelado todos sus misterios. Quedan aún muchas personas, tesoros, ciudades y civilizaciones perdidas por encontrar y estudiar. Hoy día contamos con nuevas herramientas para hacerlo. Para los arqueólogos, el pasado tiene un emocionante futuro.

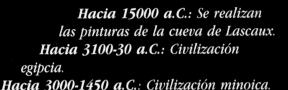

Hacia 15000 a.C.: Se realizan las pinturas de la cueva de Lascaux.

Hacia 3100-30 a.C.: Civilización egipcia.

Hacia 3000-1450 a.C.: Civilización minoica.

Hacia 2950-1500 a.C.: Construcción del círculo de Stonehenge, Inglaterra.

Hacia 2600 a.C.: Se inicia la primera presa egipcia.

Hacia 2500-1700 a.C.: Civilización en el Valle del Indo.

Hacia 2500-1500 a.C.: Apogeo de la cultura bactriana.

Hacia 2000 a.C.: Los hititas llegan a Anatolia (Turquía).

Hacia 1900-1000 a.C.: Florece la civilización micénica.

Hacia 1450 a.C.: El volcán Santorini destruye la civilización minoica.

Hacia 1367-1350 a.C.: Akhenatón reina en Egipto.

Hacia 1190 a.C.: Los "Pueblos del Mar" derrotan a los hititas.

Hacia 1000 a.C-1500 d.C.: Prosperan las culturas de los indios norteamericanos en los valles de los ríos Ohío y Misisipí.

Hacia 800 a.C.-100 d.C.: Civilización griega.

Hacia 753 a.C.-476 d.C.: Civilización romana.

Hacia 612 a.C.: Reconstrucción de la ciudad de Babilonia.

Hacia 550 a.C.-350 d.C.: Apogeo de Meroe.

Hacia 432 a.C.: Se erige la estatua de Zeus, en Olimpia.

400 a.C.-200 d.C.: Auge de la cuidad de Petra.

Hacia 280 a.C.: Construcción del faro de Alejandría.

Hacia 272-231 a.C.: El rey Asoka gobierna en la India.

Hacia 221-210 a.C.: Cheng es emperador de China.

Hacia 200 a.C.-600 d.C.: Se trazan las líneas de Nazca.

Hacia 83 a.C.: Se destruyen las profecías sibilinas.

51-30 a.C.: Cleopatra VII gobierna Egipto.

60-62 d.C.: La reina Boadicea lidera la insurrección inglesa contra los romanos.

66 a.C. y 132 d.C.: Revuelta judía contra el gobierno romano.

79 d.C.: Pompeya es destruida por la erupción del Vesubio.

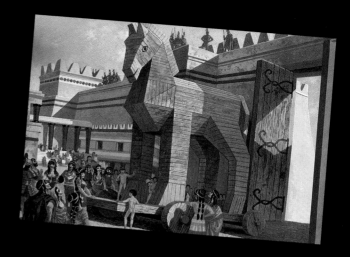

Hacia 270 d.C.: Destrucción de la
biblioteca de Alejandría.
462 d.C.: Destrucción
de la estatua de Zeus.
476 d.C.: Caída del
Imperio romano.
Hacia 500 d.C.: Se hunde el túmulo de Rock Eagle.
600 d.C.: Se cree que en esta época vivió
el rey Arturo.
600-1500 d.C.: Se erigen las estatuas de la isla
de Pascua.
Hacia 800 d.C.: Los jemeres construyen Angkor Wat
y Thom.
1336-1405: Época de Timur Leng (Tamerlán).
1375: Destrucción del faro de Alejandría.
1521-1522: Los españoles destruyen Tenochtitlán,
en México.
1545: El Mary Rose naufraga en la costa inglesa.
1748: Empiezan las excavaciones en Pompeya y en
la cercana Herculano, Italia.
1843: John Stephens descubre Chichén Itzá, en México.
1870: Heinrich Schliemann encuentra Troya.
1876: Schliemann excava Micenas.
1893-1935: Arthur Evans encuentra restos minoicos.
1911: Hiram Bingham encuentra Machu Picchu.
1922: Howard Carter abre la tumba del rey Tutankhamón;
Leonard Woolley excava Ur.
1940: Unos escolares encuentran las pinturas de la cueva de
Lascaux.
1945-1948: Mortimer Wheeler excava el Valle del Indo.
1947: Aparecen los rollos del mar Muerto en una cueva
en Qumran.
1974: Se descubre la tumba del primer emperador de China.
1977: Se descubre la tumba de Filipo II de Macedonia.
Década de los 80: Se estudia el cadáver de la noble china
desconocida.
1991: Se descubre al hombre de hielo, Ötzi, en las
montañas de Austria.
1992: Se descubren pinturas minoicas en
tumbas del antiguo Egipto.
1994: Se descubren en la sierra
de Atapuerca (Burgos) fósiles de
homínidos de unos 780.000 años
de antigüedad.
1996: Se reabre la tumba de
la reina Nefertari.

ÍNDICE ALFABÉTICO

Fotografías: 4-5, 11: Colección de Arte y Arquitectura Antigua; 13: Colección Bruce Coleman; 17, 24, 29, 33, 34, 37: Frank Spooner Pictures; 18: York Archaeological Trust; 23: Archivo fotográfico Mary Evans; 31: James Davis Travel Photography.